Schnelle Küche
kurz vor 12

Umschlagbild: Spaghetti mit Gemüse

2004
Alle Rechte vorbehalten
© by Verlagsanstalt Athesia GmbH, Bozen (1999)
Gestaltung und Layout: Bernhard Thaler und Erwin Kohl
Umschlaggestaltung: Athesiagrafik, Marion Prossliner
Gesamtherstellung: Athesiadruck, Bozen

ISBN 88-8266-008-7

www.athesiabuch.it
buchverlag@athesia.it

Ute und Evelyn Raffeiner

Schnelle Küche
kurz vor 12

Fotos von Arnold Ritter

Dritte Auflage

VERLAGSANSTALT ATHESIA | BOZEN

Inhaltsübersicht

7	Vorwort	42	Grüner Spargel mit Bozner Soße
8	Kartoffelcremesuppe	44	Gebratener Chicorée mit Rühreiern
10	Zucchinisuppe	46	Käsespatzlen mit Kartoffelsalat
12	Gemüse-Grieß-Suppe	48	Omeletten mit Zucchinifülle
14	Lauchsuppe	50	Bauernomelett mit Käse
16	Frühlingspasta	52	Panierte Truthahnschnitzel
18	Tagliatelle in Grün	54	Huhngulasch mit Pilzen
20	Pikante Käsenudeln	56	Gebratene Leber
22	Linguine mit grünen Spargeln	58	Carpaccio im Rohr
24	Spaghetti mit Gemüse	60	Minutengulasch
26	Pennette mit Zucchini	62	Kalbsschnitzel mit Zitronensoße
28	Linguine al Pesto	64	Rindsschnitzel auf Tomaten
30	Tagliatelle mit Steinpilzen	66	Zwiebelrostbraten
32	Risotto mit Radicchio	68	Polenta mit Käsesoße und Fisch
34	Safran-Risotto	70	Fischfilet mit Salsaverde
36	Pizzastrudel	72	Fisch im Salzbett
38	Gefüllte Zucchini	74	Tomatenbrot
40	Überbackene Auberginen mit Spiegeleiern	77	Register

5 Schnelle Küche

Vorwort

Dieses Kochbuch ist für all jene gedacht, bei denen es schnell gehen muß: Für Berufstätige, Studenten/innen, Mütter mit Kleinkindern und für alle »sies« und »ihns«, die einfach wenig Zeit zum Kochen finden und trotzdem gerne gut und abwechslungsreich essen.

Die gesammelten Rezepte reichen über Südtirols Grenzen hinaus, umfassen die gesamte Menüpalette und haben doch einen gemeinsamen Nenner: Die Zubereitungszeit beträgt allerhöchstens 30 Minuten! Genau dies war uns ein besonderes Anliegen: Deshalb wurde bei allen Rezepten, die genauestens ausprobiert wurden, auf das Timing geachtet.

Die Rezepte sind einfach, Schritt für Schritt nachvollziehbar und für die tägliche Küche geeignet. Sie bieten vor allem Ideen, die mit etwas Phantasie leicht variiert werden können und sollen. Als Anregungen dafür sind einige Rezeptvariationen unter »Tips« zu finden. Und da zumeist im kleinen Haushalt schnell gekocht werden muß, sind alle Rezepte für ZWEI PERSONEN berechnet.

Kartoffelcremesuppe

400 g Kartoffeln

40 g Butter

⅛ l Sahne

½ l Fleischsuppe
(oder Suppenwürfel)

Muskat, weißer Pfeffer, Salz

<u>Für die Einlage</u>

1 kleines Vinschgerle
(Bauernbrot)

<u>Zubereitungszeit</u>

ca. 25 Minuten

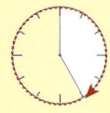

1. Kartoffeln in kleine Würfel schneiden und in Salzwasser gar kochen (zirka 10 Minuten). In der Zwischenzeit die Einlage zubereiten.
2. Wenn keine Fleischsuppe vorhanden ist, einen halben Liter Wasser mit einem Suppenwürfel aufsetzen.
3. Die gekochten Kartoffeln passieren, in einen Topf geben und die Butter in Flöckchen sowie die Sahne hinzufügen.
4. Je nach gewünschter Konsistenz Brühe hinzufügen und aufkochen lassen.
5. Mit Muskat und weißem Pfeffer abschmecken.

Einlage Das Brot in kleine Würfel schneiden und in einer Pfanne ohne Fett knusprig abrösten.
Zur Suppe reichen.

Tip Die Suppe kann noch verfeinert werden: Getrocknete Steinpilze in lauwarmem Wasser einweichen (ca. 15 Minuten). Anschließend gut ausdrücken und in einer Pfanne anbraten.
Das Steinpilzwasser kann zur Brühe hinzugefügt werden.

Schnelle Küche

Zucchinisuppe

500 ml Fleischsuppe
(oder Suppenwürfel)

3 mittlere Zucchini

Sahne, Salz, Pfeffer, Olivenöl

Zubereitungszeit

ca. 20 Minuten

1 Fleischsuppe aufkochen. Wenn keine Fleischsuppe vorhanden ist, einen halben Liter Wasser mit einem Suppenwürfel aufsetzen.

2 Zucchini waschen, Enden abschneiden und dünn schälen. (Die Schale von zwei Zucchini aufbewahren!) Die Zucchini in dünne Scheiben schneiden und in einem Topf mit 2 Eßlöffel Olivenöl ca. 5 Minuten dünsten lassen.

3 Die Suppe und einen Schuß Sahne zu den gedünsteten Zucchini gießen. 5 Minuten köcheln lassen und mit dem Mixstab oder im Mixer pürieren.

4 Die Schale von zwei Zucchini in sehr kleine Würfel schneiden und in einem Pfännchen mit 1 Eßlöffel Olivenöl ca. 3–4 Minuten dünsten. Bereitstellen.

5 Vor dem Servieren die gedünsteten Zucchinischalen in die Suppe geben und mit Salz und Pfeffer abschmecken.

Gemüse-Grieß-Suppe

1 mittlere Karotte

1 mittlere Kartoffel

¹/₂ kleine Zwiebel

2 EL Weizengrieß

2 EL Olivenöl

Wasser

Salz

etwas Suppenwürfel

gehackter Schnittlauch zum Garnieren

Zubereitungszeit

ca. 25 Minuten

1 Die Karotte und die Kartoffel schälen und raspeln. Die Zwiebel fein hacken.

2 In einem Topf das Olivenöl erhitzen und die gehackte Zwiebel darin glasig dünsten. Die Karotten- und Kartoffel-Raspel dazugeben und unter Rühren 2–3 Minuten dünsten lassen.

3 Den Weizengrieß dazugeben, kurz mitdünsten und mit einem halben Liter Wasser aufgießen. Mit Salz und einem kleinen Stück Suppenwürfel würzen und etwa 15 Minuten köcheln lassen.

4 Vor dem Servieren mit etwas gehacktem Schnittlauch bestreuen.

Tip Nach Belieben können auch andere Gemüsearten hinzugefügt werden (z. B. Zucchini, Kohlrabi, Fenchel usw.).

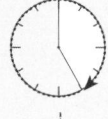

Schnelle Küche

Lauchsuppe

500 ml Fleischsuppe (oder Suppenwürfel)

1 Lauchstange

100 ml Milch

100 ml Sahne

50 g Gorgonzolakäse

1 EL Butter

eventuell etwas gehackter Schnittlauch

Zubereitungszeit

ca. 25 Minuten

1. Wenn keine Fleischsuppe vorhanden ist, einen halben Liter Wasser mit einem Suppenwürfel aufsetzen.

2. Die Blätter entfernen, den Lauch waschen und sehr fein aufschneiden.

3. Die Butter in einem Topf schmelzen lassen, den fein geschnittenen Lauch dazugeben und 2–3 Minuten anrösten. Leicht salzen. Suppe und Milch dazugießen und ca. 15 Minuten köcheln lassen. Mit dem Mixstab oder im Mixer pürieren.

4. Gorgonzola in Würfel schneiden und mit der Sahne zur Suppe geben. Nochmals kurz aufkochen lassen und vor dem Servieren mit Schnittlauch bestreuen.

Frühlingspasta

250 g Spaghetti

2 mittlere reife Tomaten

1 Mozzarella

5–6 frische Basilikumblätter

Salz, Pfeffer, Olivenöl

Zubereitungszeit
ca. 20 Minuten

1 Salzwasser für die Nudeln aufsetzen.

2 Tomaten waschen und in kleine Würfel schneiden. Mozzarella klein schneiden. Basilikumblätter waschen und kleinzupfen. Alles in eine Schüssel geben, salzen, pfeffern, 1–2 Eßlöffel Olivenöl darübergießen.

3 Die gekochten Nudeln hinzufügen, kräftig umrühren und sofort servieren.

Tip Als Variation können die heißen Nudeln auch mit Thunfisch, Petersilie und Butterflocken angerichtet werden.

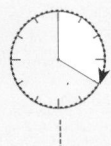

Tagliatelle (Eierbandnudeln) in Grün

250 g Tagliatelle

1 EL Kapern

9 grüne Oliven

5–6 in Öl gelegte Artischocken

1 Knoblauchzehe

Olivenöl, Pfeffer

<u>Beilage</u>

Salat

<u>Zubereitungszeit</u>

ca. 15 Minuten

1 Salzwasser für die Nudeln aufsetzen.

2 Die Knoblauchzehe fein hacken. Kapern, Oliven und Artischocken kleinschneiden.

3 Kurz vor Kochende der Nudeln in einer Pfanne 3 Eßlöffel Olivenöl erhitzen und den Knoblauch darin anrösten. Kapern, Oliven und Artischocken hinzufügen und pfeffern.

4 Die abgesiebten Tagliatelle dazugeben und kräftig untermischen.

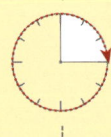

18 Schnelle Küche

Pikante Käsenudeln

250 g Spaghetti oder Vermicelli

80 g Biancokäse

50 g Gorgonzolakäse

4 EL geriebener Parmesankäse

1 große Knoblauchzehe

3 EL Olivenöl

etwas Milch oder Sahne

Salz, Pfeffer, Peperoncino (getrocknet)

<u>Beilagen</u>
grüner oder gemischter Salat

<u>Zubereitungszeit</u>
ca. 20 Minuten

1 Reichlich Salzwasser für die Nudeln aufsetzen.

2 Bianco- und Gorgonzolakäse in Würfel schneiden. Knoblauch sehr fein hacken.

3 Kurz vor Kochende der Nudeln in einer Pfanne das Olivenöl erhitzen und den Knoblauch darin hellbraun anrösten. Hitze auf Minimum einstellen und die Käsewürfel dazugeben. Unter ständigem Rühren schmelzen lassen und den Parmesankäse hinzufügen. Mit einem Schuß Milch oder Sahne kremig rühren.

4 Mit Salz, Pfeffer und zerriebenem Peperoncino pikant abschmecken.

5 Die abgesiebten Nudeln zur Käsesoße geben und kräftig unterrühren. Sofort servieren.

Tip Es kann auch jeder andere Schmelzkäse für die Käsesoße verwendet werden.
Als Geschmacksvariation können zwei Eßlöffel kleingeschnittener Speck mit dem Knoblauch angeröstet werden.

Schnelle Küche

Linguine mit grünen Spargeln

250 g Linguine

200 g grüne Spargeln
(etwa 8 Stück)

1 EL gehackte Zwiebel

1 Knoblauchzehe

5 schwarze Oliven

Butter, Zucker, Salz

geriebener Parmesankäse

<u>Zubereitungszeit</u>

ca. 25 Minuten

1 Salzwasser für die Nudeln aufsetzen.

2 Für die Spargeln in einem breiten Topf 1 1/2 Liter Wasser mit 1 Teelöffel Salz, 1 Eßlöffel Zucker und 1 Eßlöffel Butter aufsetzen. Den unteren Teil der Spargel schälen. Die Spargeln im kochenden Wasser ca. 10 Minuten weich kochen.

3 Zwiebel und Knoblauch fein hacken und in 2 Eßlöffel Olivenöl in einer Pfanne glasig dünsten.

4 Die Oliven entkernen und kleinschneiden; die gekochten Spargeln in kleine Stücke schneiden. Zusammen mit einer Butterflocke, Salz und frisch gemahlenem Pfeffer in die Pfanne geben und 2–3 Minuten lang umrühren.

5 Die gekochten Nudeln hinzufügen und schwenken. Vor dem Servieren mit geriebenem Parmesankäse oder Pecorino bestreuen.

Tip Schmeckt auch mit wilden Spargeln ausgezeichnet.

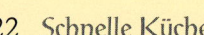

Spaghetti mit Gemüse

250 g Spaghetti

½ Aubergine

1 mittlere rote Paprikaschote

1 Knoblauchzehe

2 EL Olivenöl

1 Mozzarella

1 EL feingehackte Petersilie

Salz, Pfeffer, Peperoncino

Zubereitungszeit

ca. 25 Minuten

1. Salzwasser für die Nudeln aufsetzen.
2. Aubergine und Paprikaschote waschen und in kleine Würfel schneiden. Knoblauchzehe fein hacken.
3. In einer Pfanne Olivenöl erhitzen, Knoblauch darin anrösten und die Paprikaschote dazugeben. Unter Rühren leicht anbraten und die Auberginenwürfel hinzufügen. Mit Salz, Pfeffer und Peperoncino würzen. Bei mittlerer Hitze ca. 15–20 Minuten dünsten; ab und zu mit etwas Wasser aufgießen.
4. Mozzarella in kleine Würfel schneiden.
5. Die gekochten Spaghetti zum Gemüse geben, Mozzarella und Petersilie beifügen. Alles kräftig unterrühren.

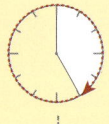

24 Schnelle Küche

Pennette mit Zucchini

250 g Pennette

2–3 Zucchini

¼ mittelgroße Zwiebel

3 gehäufte EL Parmesankäse

3 EL Öl

Salz, Pfeffer

Zubereitungszeit

ca. 25 Minuten

1 Salzwasser für die Nudeln aufsetzen.

2 Die Zucchini kleinraspeln und die Zwiebel fein hacken.

3 In einer Pfanne die Zwiebel in Öl goldgelb anbraten. Die Zucchini hinzufügen, salzen, pfeffern und einige Minuten lang andünsten lassen. Mit etwas Wasser aufgießen.

4 Die gekochten Nudeln in die Pfanne zu den Zucchini geben und darin schwenken.
Den Parmesankäse hinzufügen und servieren.

Tip Als Geschmacksvariation kann zu den gedünsteten Zucchini eine reife, in kleine Würfel geschnittene Tomate hinzugefügt werden.

Linguine al pesto

250 g Linguine

30 g frische Basilikumblätter

1 Knoblauchzehe

1 EL Pinienkerne (Pinoli)

50 g geriebener Parmesankäse oder Pecorino

120 ml Olivenöl

Salz, Pfeffer

<u>Beilage</u>

Tomatensalat

<u>Zubereitungszeit</u>

ca. 20 Minuten

1 Salzwasser für die Nudeln aufsetzen.

2 Die Basilikumblätter waschen und in einem Handtuch leicht trockenschütteln. Knoblauchzehe schälen.

3 Alle Zutaten (Basilikum, Knoblauch, Pinienkerne, Parmesankäse, Olivenöl, Salz und Pfeffer) im Mixer sehr fein pürieren.

4 Die gekochten Nudeln mit dem kalten Pesto gut vermengen und sofort auf vorgewärmten Tellern servieren.

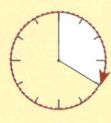

Tagliatelle (Eierbandnudeln) mit Steinpilzen

250 g Tagliatelle

150 g Steinpilze
(oder 30 g Trockenpilze)

½ kleine Zwiebel

100 ml Sahne

2 EL gehackte Petersilie

3 EL Samenöl

Salz, Pfeffer

<u>Zubereitungszeit</u>

ca. 20 Minuten

1 Salzwasser für die Nudeln aufsetzen.

2 Zwiebel fein hacken und in einer Pfanne mit 3 Eßlöffel Samenöl glasig dünsten. Die kleingeschnittenen Pilze dazugeben, salzen und pfeffern.

3 Ein halbes Glas Wasser nach und nach hinzufügen und ca. 12 Minuten dünsten.

4 Sahne und Petersilie hinzufügen und nochmals kurz aufkochen lassen.

5 Die gekochten Nudeln zu den Pilzen geben und kräftig untermischen.

Tip Trockenpilze müssen einige Zeit (siehe Packungsanweisung) ins Wasser gelegt und vor Gebrauch leicht ausgedrückt werden.

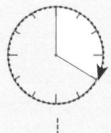

Risotto mit Radicchio

300 g Radicchio

1 Tasse Reis (ca. 200 g)

$^1/_8$ l Rotwein

$^3/_4$ l Fleischbrühe
(oder Suppenwürfel)

$^1/_4$ Zwiebel

2 EL Olivenöl

1 EL Butter

2 EL Sahne

2 EL geriebener
Parmesankäse

Salz, Pfeffer

<u>Zubereitungszeit</u>

ca. 30 Minuten

1 Zwiebel kleinhacken. Radicchio waschen und in feine Streifen schneiden.

2 In einem Topf 2 Eßlöffel Olivenöl erhitzen und die Zwiebel darin kurz abrösten. Den Radicchio hinzufügen, salzen, pfeffern und leicht andünsten.

3 Den Reis beifügen und 1–2 Minuten kräftig umrühren. Mit Rotwein aufgießen.

4 Etwas Suppe eingießen, einkochen lassen und wieder zugießen. So lange fortfahren, bis der Risotto »al dente« ist.

5 Butter, Sahne und Parmesankäse hinzufügen und gut unterrühren.

6 Einige Minuten ruhen lassen und mit Parmesankäse bestreut servieren.

Tip Um den Geschmack zu verfeinern, gibt man zu den Zwiebeln etwas fein geschnittenen Bauchspeck. Diesen glasig abrösten und anschließend wie oben fortfahren.

Schnelle Küche

Safran-Risotto

1 Tasse Reis (ca. 200 g)

$1/8$ l Weißwein

$3/4$ l Fleischbrühe
(oder Suppenwürfel)

$1/4$ Zwiebel

2 EL Olivenöl

1 EL Butter

2 EL geriebener Parmesankäse

1 Briefchen Safran

Salz, Pfeffer

<u>Zubereitungszeit</u>

ca. 25 Minuten

1 Fleischbrühe erwärmen oder $3/4$ Liter Wasser mit einem Suppenwürfel aufsetzen.

2 Zwiebel kleinhacken. In einem Topf 2 Eßlöffel Olivenöl erhitzen und die Zwiebel darin kurz abrösten.

3 Den Reis beifügen und 1–2 Minuten kräftig umrühren. Mit Weißwein aufgießen. Salzen und pfeffern.

4 Etwas Suppe eingießen, einkochen lassen und wieder zugießen. So lange fortfahren, bis der Risotto »al dente« ist.

5 Kurz vor Kochende den Safran in etwas Suppe auflösen und in den Risotto einrühren.

6 Butter und Parmesankäse hinzufügen und gut unterrühren. Vor dem Servieren einige Minuten ruhen lassen.

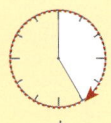

Pizzastrudel

250 g Blätterteig
(tiefgefroren)

100 g gekochter Schinken

3 reife Tomaten

1 Mozzarella

1 Eigelb

Salz, Origano

<u>Beilage</u>

grüner Salat

<u>Zubereitungszeit</u>

ca. 30 Minuten

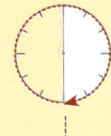

1 Rohr auf 200 Grad vorheizen.

2 Blätterteig, der über Nacht im Kühlschrank aufgetaut wurde, auf einem bemehlten Handtuch dünn ausrollen (etwa 30 x 40 cm).

3 Tomaten waschen, schälen und in dünne Scheiben schneiden. Mozzarella in kleine Würfel schneiden.

4 Auf die Mitte des Blätterteiges die Hälfte des Schinkens legen, darüber die Hälfte der Tomatenscheiben; diese mit Salz und Origano würzen. Die Hälfte der Mozzarellawürfel darüberstreuen. Alles noch einmal wiederholen.

5 Den Teig der Länge nach zusammenklappen. Die Enden umklappen und gut verschließen (festdrücken). Überschüssigen Teig eventuell abschneiden.

6 Das Eigelb in einer Tasse aufschlagen und den Strudel damit bestreichen.

7 Auf ein gefettetes oder mit Backpapier ausgelegtes Backblech legen und im Rohr 20 Minuten backen.

Tip Als Geschmacksvariation können auch Kapern, Oliven, Sardellen, Salami usw. beigefügt werden.

36 Schnelle Küche

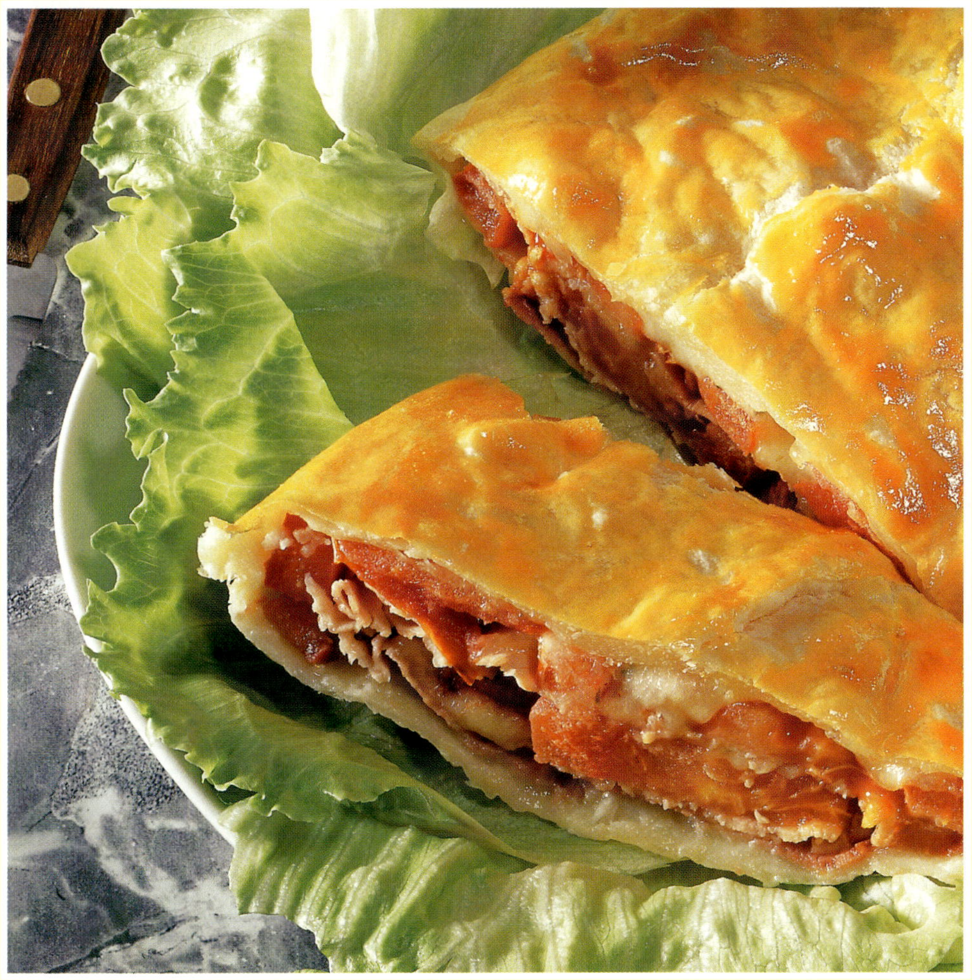

Gefüllte Zucchini

3 mittlere Zucchini

100 g Fontinakäse

200 g Hackfleisch

2 EL Öl

Zitrone

Salz, Pfeffer, Muskat

Beilage

Tomatensalat

Zubereitungszeit

ca. 30 Minuten

1. Die Zucchini waschen und in reichlich Wasser ca. 10 Minuten gar kochen.
2. In einer Pfanne das Öl erhitzen, das Hackfleisch dazugeben und gut anbraten. Mit Salz, Pfeffer und Muskat würzen.
3. Den Käse in kleine Würfel schneiden.
4. Die gekochten Zucchini der Länge nach halbieren und mit einem kleinen Löffel das Fruchtfleisch auslösen.
5. Die Zucchinihälften nebeneinander auf ein gefettetes Backblech legen, pfeffern und mit etwas Zitronensaft beträufeln. Die Hälfte der Käsewürfel in die Zucchinihälften geben und mit Hackfleisch auffüllen. Die restlichen Käsewürfel über das Hackfleisch verteilen.
6. Im vorgeheizten Rohr bei 150 Grad so lange backen lassen, bis der Käse schmilzt (ca. 5 Minuten).

Tip Das gekochte Zucchinifleisch kann kleingeschnitten und mit dem Hackfleisch vermischt werden. – Läßt sich eine Gabel leicht in die Zucchini hineinstechen und wieder herausziehen, sind die Zucchini gar.

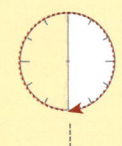

Schnelle Küche

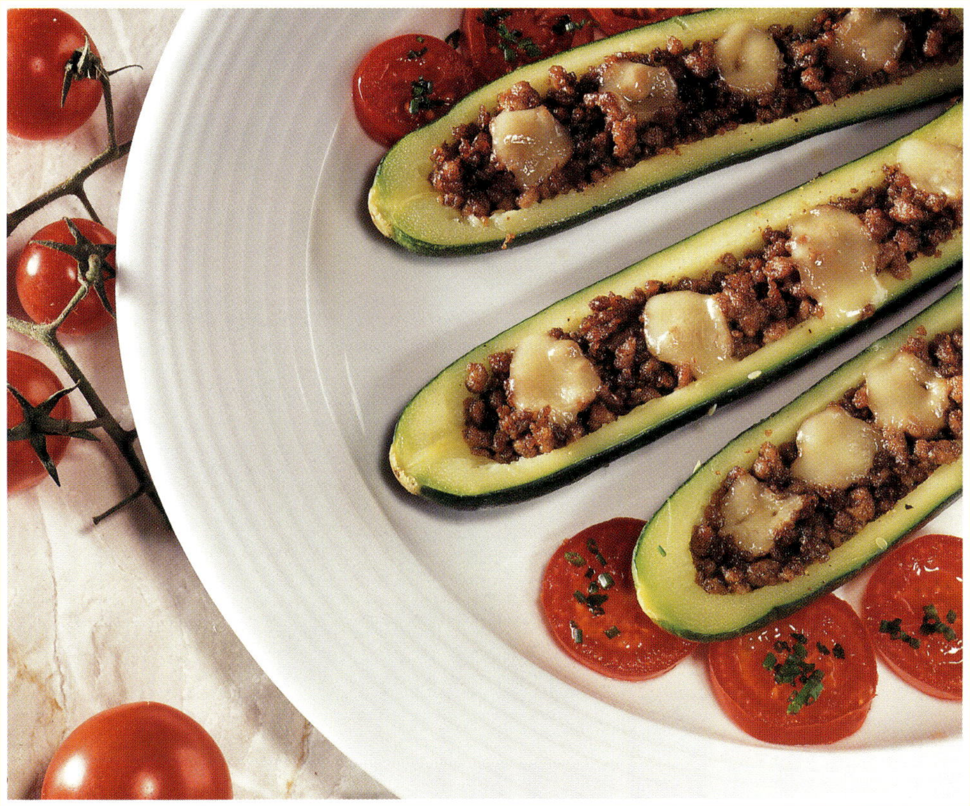

Überbackene Auberginen mit Spiegeleiern

1 Aubergine

5–6 Scheiben Schmelzkäse (Sottilette)

2 Eier

Öl, Butter, Salz

Zubereitungszeit

ca. 20 Minuten

1 Backrohr auf 200 Grad vorheizen.

2 Die Auberginen waschen, in ca. 1 cm dicke Scheiben schneiden, auf ein gefettetes Backblech legen und etwas salzen. Ca. 5 Minuten ins Rohr geben.

3 Die Auberginen aus dem Rohr herausnehmen, mit den Käsescheiben belegen und mit wenig Öl beträufeln. Wieder ins Rohr geben und bei 180 Grad nochmals ca. 6–7 Minuten backen.

4 Spiegeleier: In einer Pfanne etwas Butter erhitzen. Die Eier in die Pfanne schlagen und braten lassen, bis das Eiweiß fest wird. Zum Schluß etwas salzen.

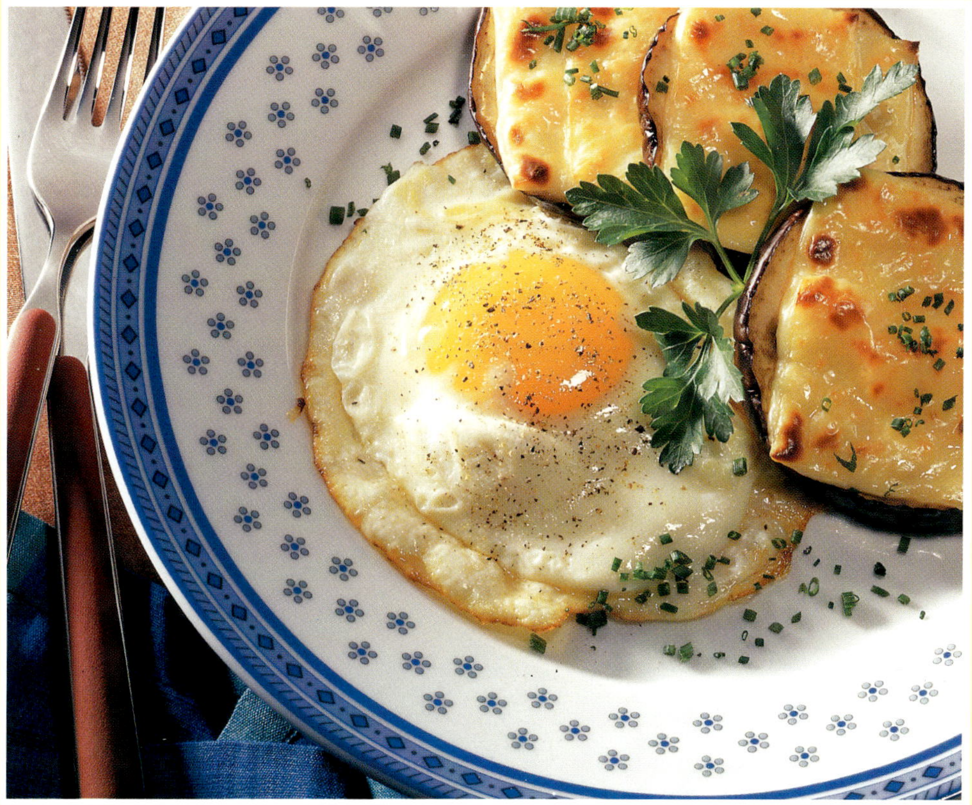

Grüner Spargel mit Bozner Soße und Schinken

400 g grüne Spargeln
(ca. 16 Stück)

150 g gekochter Beinschinken

2 hartgekochte Eier

1 Eidotter

100 ml Samenöl

1 EL gehackte Petersilie

1 EL gehackter Schnittlauch

Salz, Pfeffer, Butter, Zucker, Senf, etwas Zitronensaft

Zubereitungszeit

ca. 20 Minuten

1 In einem breiten Topf 1½ Liter Wasser mit 1 Teelöffel Salz, 1 Eßlöffel Zucker und 1 Eßlöffel Butter aufsetzen.

2 Den unteren Teil der Spargeln schälen. Die Spargeln im kochenden Wasser ca. 10 Minuten weich kochen.

3 In einem tiefen Teller die Mayonnaise zubereiten: Den Eidotter mit wenig Senf verrühren und nach und nach tröpfchenweise das Öl unterrühren (immer in dieselbe Richtung rühren), bis eine konsistente Masse entsteht. Einen Spritzer Zitronensaft hinzufügen und mit Salz, Pfeffer und Senf würzig abschmecken. Die harten Eier aufhacken und mit den Kräutern unter die Mayonnaise rühren.

4 Die Spargeln mit der Bozner Soße und dem Schinken auf Tellern anrichten.

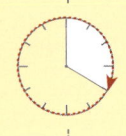

Schnelle Küche

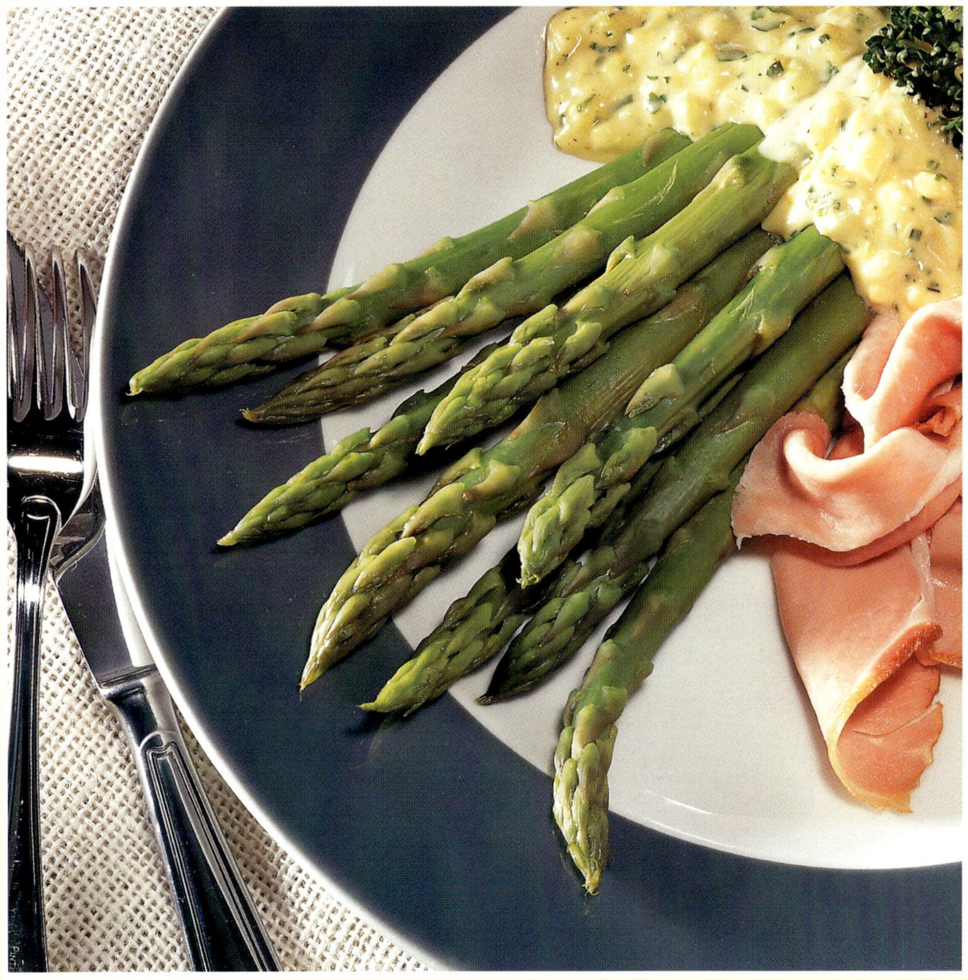

Gebratener Chicorée mit Rühreiern

4 Stück Chicorée

1 Knoblauchzehe

3 EL Öl

½ Glas Weißwein

1 EL gehackte Petersilie

Parmesankäse

2 Eier

1 EL Milch

Salz, Pfeffer

Beilage

Grüner Salat

Zubereitungszeit

ca. 25 Minuten

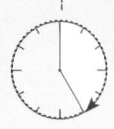

1 Öl und die geschälte Knoblauchzehe in eine Pfanne geben und den Knoblauch leicht anbraten.

2 Den Chicorée waschen und gut abtropfen. Anschließend halbieren und mit der Schnittfläche nach unten in die Pfanne geben. Mit einem Deckel zudecken und einige Minuten anbraten.

3 Mit Weißwein aufgießen.

4 Ca. 15 Minuten dünsten lassen. Den Chicorée immer wieder wenden, damit er nicht anbrennt. Sollte Flüssigkeit fehlen, etwas Wasser hinzufügen.

5 Gegen Ende der Kochzeit mit Salz, Pfeffer und Petersilie würzen.

6 Vor dem Servieren mit Parmesankäse bestreuen.

7 **Rühreier:** Eier und 1 Eßlöffel Milch in einem Teller gut verquirlen und leicht salzen. In einer Pfanne etwas Öl erhitzen, die Eimasse hinzugießen und so lange umrühren, bis die Eier flockig sind. Zum Schluß etwas Petersilie einrühren.

Tip Auf diese Weise können auch andere Gemüsesorten wie Zucchini, Auberginen usw. zubereitet werden.

Schnelle Küche

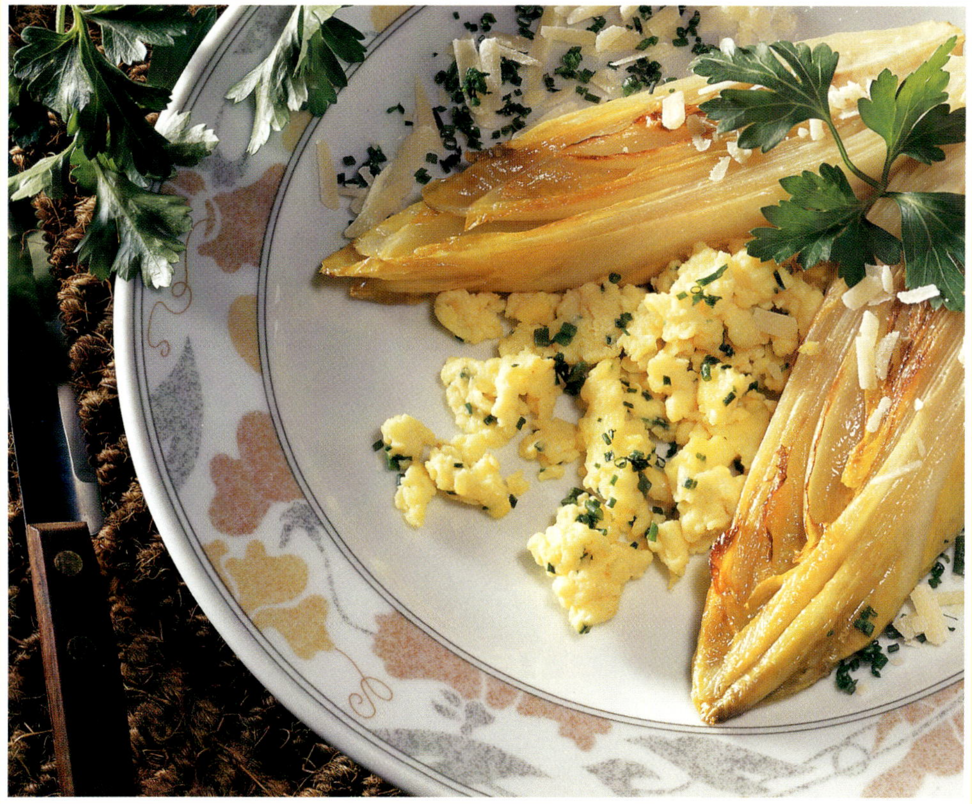

Käsespatzlen mit Kartoffelsalat

200 g Mehl

2 Eier

Salz

ca. ½ Glas Wasser

150 g würziger Käse

600 g Pellkartoffeln vom Vortag

3 EL gehackte Zwiebeln

Salz, Pfeffer, Samenöl, Essig

Zubereitungszeit

ca. 25 Minuten

1 In einem breiten Topf Wasser aufsetzen.

2 Mehl, Eier, Salz und Wasser zu einem Teig verrühren und gut verschlagen.

3 Die Hälfte des Teiges durch den Spatzlhobel ins kochende Salzwasser geben. Sobald die Spatzlen an die Wasseroberfläche kommen, abschöpfen und in eine flache Schüssel geben. Mit der Hälfte des in Scheiben geschnittenen Käses belegen. – Nochmals wiederholen.

4 Die Spatzlen ca. 5–10 Minuten ins vorgeheizte Rohr (150 Grad) geben, so lange, bis der Käse schmilzt. Vor dem Servieren kräftig durchrühren.

5 Den Kartoffelsalat zubereiten: Kartoffeln schälen und in feine Scheiben schneiden. Zwiebel kleinhacken und dazugeben. Mit Salz, Pfeffer, Samenöl und Essig abrichten.

Tip Spatzlen können auch mit Gemüse variiert werden: 1 Zucchino und 1 große Karotte in sehr kleine Würfel schneiden, in Salzwasser weich kochen und mit etwas Käse unter die Spatzlen mischen.

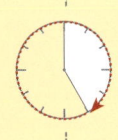

Schnelle Küche

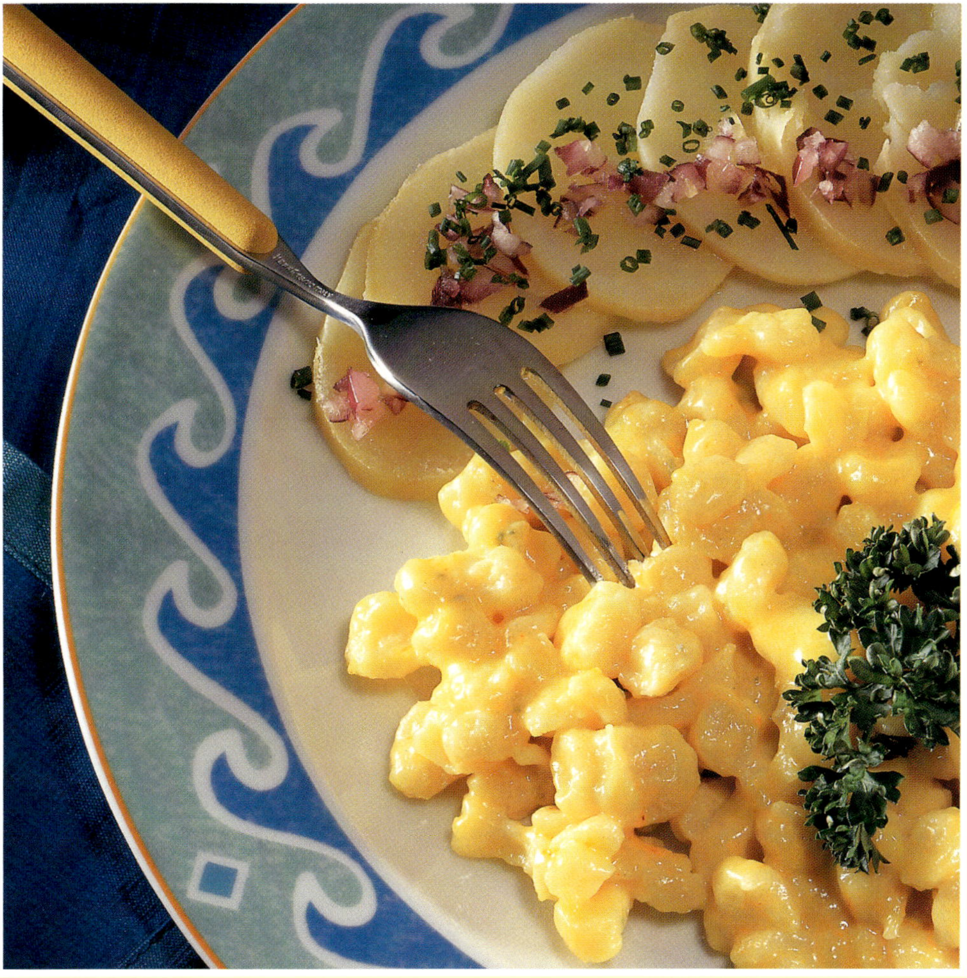

Omeletten mit Zucchinifülle

3 mittlere Zucchini

1 Scheibe Schmelzkäse

8 gehäufte EL Mehl

2 Eier

ca. 200 ml Milch

geriebener Parmesankäse

Salz, Pfeffer, Öl

<u>Beilagen</u>

Ronen- oder Tomatensalat

<u>Zubereitungszeit</u>

ca. 25 Minuten

1 Zucchini waschen, die Enden abschneiden und der Länge nach halbieren. Die Zucchinihälften in dünne Scheiben schneiden.

2 In einem Topf 3 Eßlöffel Olivenöl erhitzen und die Zucchini auf kleiner Flamme ca. 15 Minuten weichdünsten. Salzen und pfeffern. Vor Kochende den Schmelzkäse unterrühren.

3 In einer Schüssel Mehl mit Milch und Salz gut verquirlen, Eier nach und nach unterrühren. (Der Teig darf nicht zu dünn-, aber auch nicht zu dickflüssig sein.)

4 In einer mittleren Pfanne wenig Öl gut erhitzen und etwa eine Schöpfkelle Teig eingießen. Das Omelette beidseitig hellbraun backen. Das fertige Omelett im Rohr warmstellen und weitere Omeletten backen (ca. 5 Stück).

5 Die Omeletten mit der Zucchinimasse füllen, einrollen und mit Parmesankäse bestreuen.

Tip Omeletten können gefüllt werden mit: gedünstetem Spinat, Schinken und Käse, Tomaten und Mozzarella, gedünsteten Pfifferlingen, Marmelade, Nutella u. a. m.

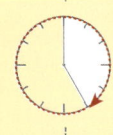

Schnelle Küche

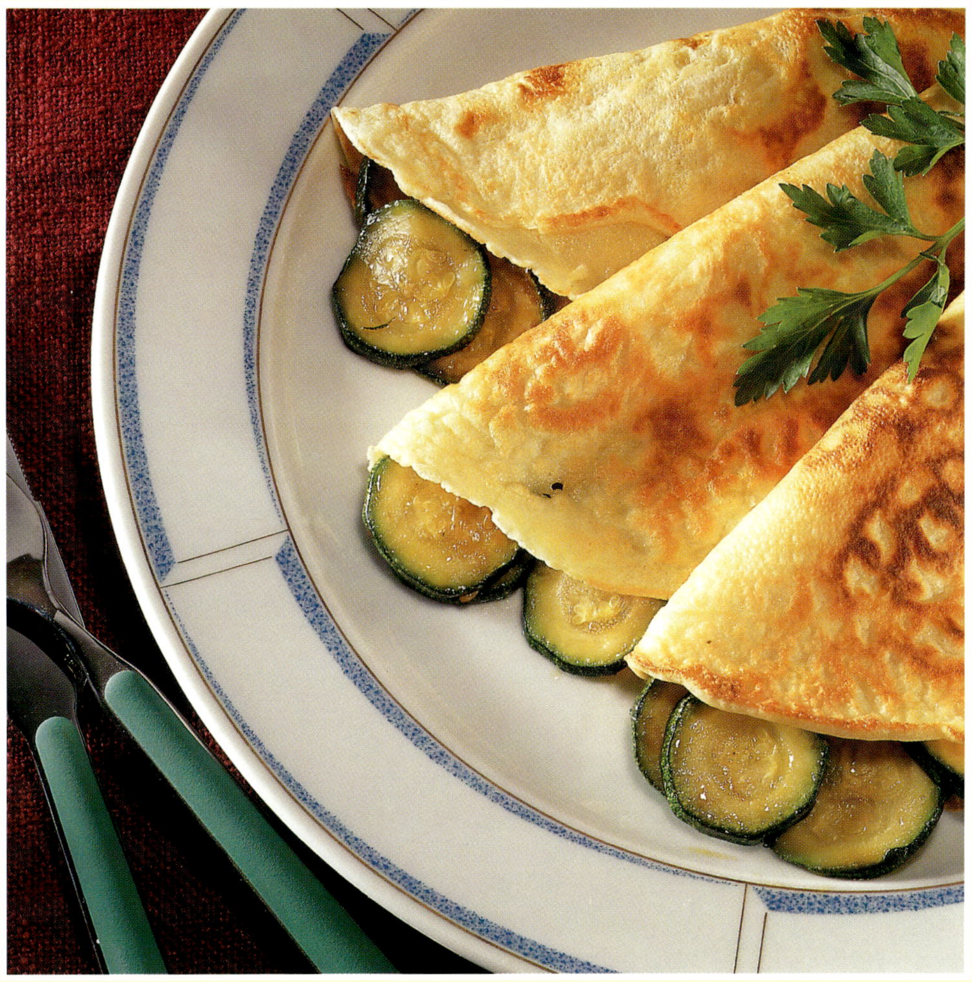

Bauernomelett mit Käse

4 Eier

2 EL geriebener Parmesankäse

50 g Fontinakäse oder anderer Schmelzkäse

Salz, Samenöl

Beilage

gemischter Salat

Zubereitungszeit

ca. 20 Minuten

1. Den Käse in kleine Würfel schneiden.

2. Eier mit etwas Salz in einer Schüssel verschlagen und den Parmesankäse sowie den gewürfelten Käse hinzufügen und gut vermischen.

3. 2 Eßlöffel Öl in einer beschichteten, kleinen Pfanne erhitzen. Die halbe Masse hineingießen und auf beiden Seiten langsam goldbraun backen. Wiederholen.

4. Vor dem Servieren mit etwas Parmesankäse bestreuen.

Tip Ein Bauernomelett kann auch mit Schinkenwürfeln, Zucchini (vorher ca. 10 Minuten dünsten), Zwiebeln (vorher kurz in Öl andünsten) oder anderen Gemüsesorten zubereitet werden.

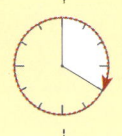

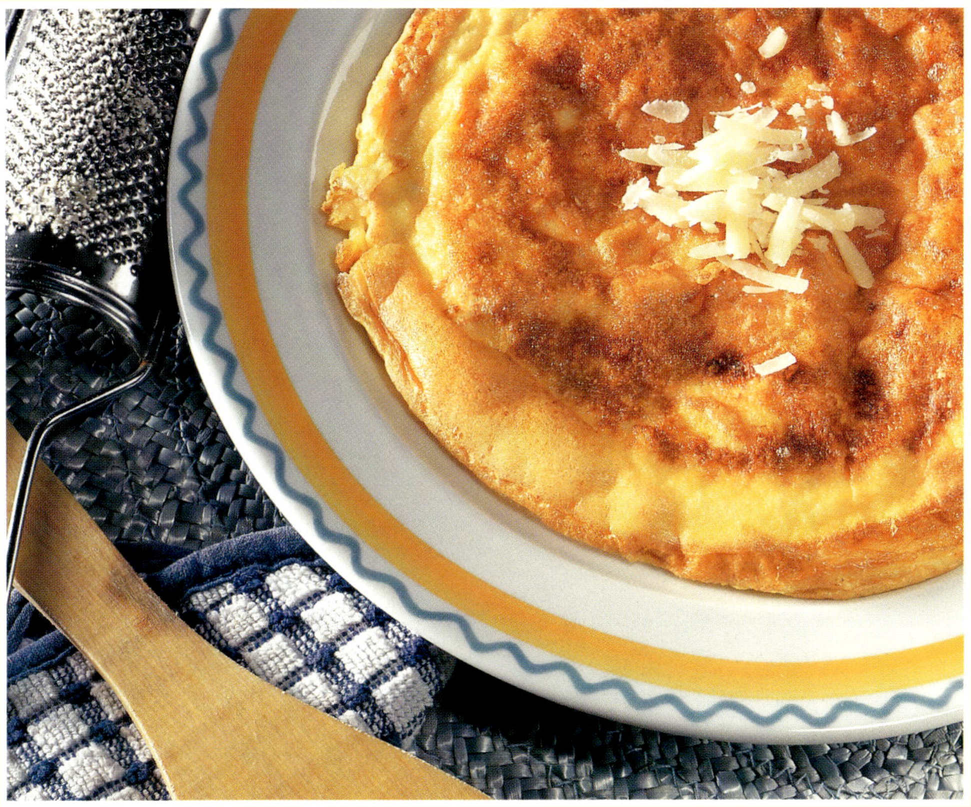

Panierte Truthahnschnitzel

2 Truthahnschnitzel

1 Ei

2 EL Milch

3–4 gehäufte EL Mehl

3–4 gehäufte EL Semmelbrösel

ca. 150 ml Samenöl zum Panieren

<u>Beilage</u>

Kartoffelsalat (siehe Seite 46) und Preiselbeermarmelade

<u>Zubereitungszeit</u>

ca. 20 Minuten

1 Die Truthahnschnitzel salzen.

2 Ei und Milch in einem tiefen Teller verquirlen. Mehl und Semmelbrösel in je einen Teller geben.

3 Die Schnitzel panieren: Zuerst im Mehl wenden, dann ins Ei tauchen und schließlich in den Semmelbröseln wenden.

4 In einer Pfanne das Samenöl erhitzen und die Schnitzel darin auf beiden Seiten hellbraun backen (ca. 2–3 Minuten).

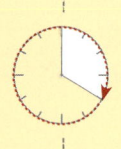

Schnelle Küche

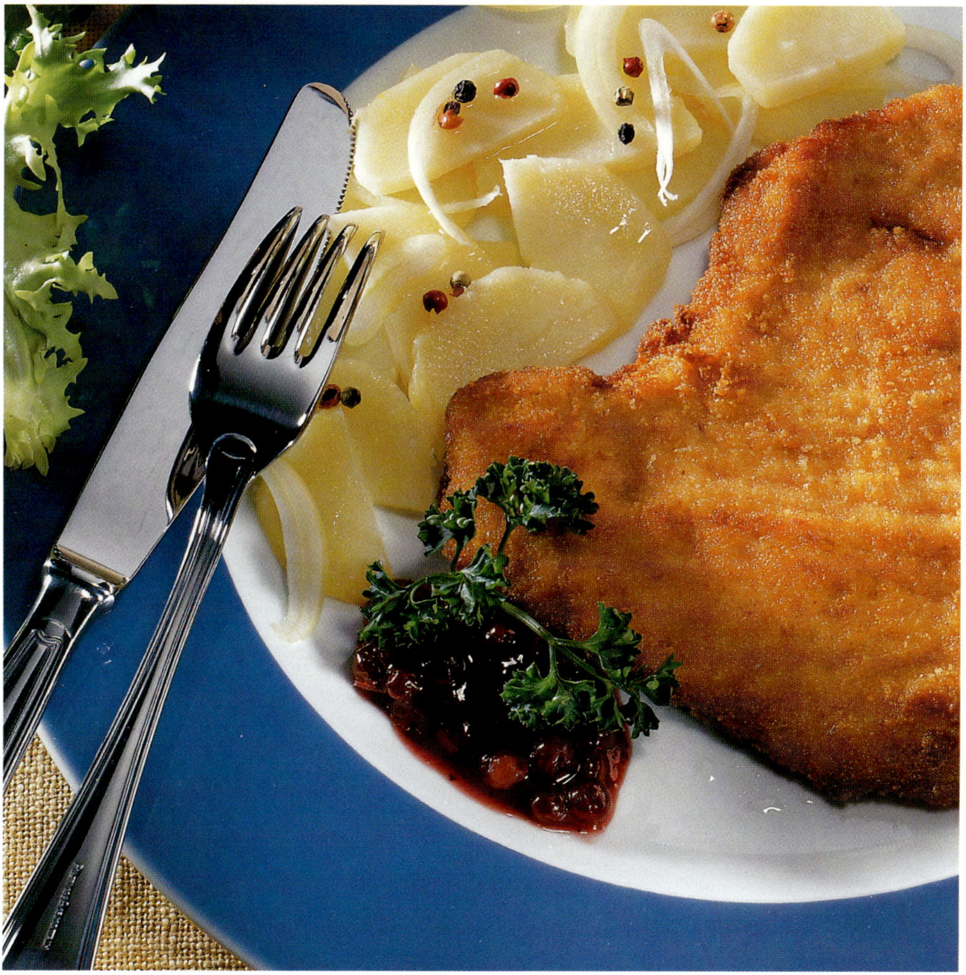

Huhngulasch mit Pilzen

1 Hühnerbrust

1 kleine Dose Pilze
(ca. 180 g)

50 ml Weißwein

Öl, Salz, Pfeffer, Mehl

Beilage

Fertigpüree und Salat

Zubereitungszeit

ca. 20 Minuten

1 Hühnerbrust waschen, mit Küchenpapier trockentupfen und in kleine Stücke schneiden.

2 In einer Pfanne 4 Eßlöffel Öl erhitzen. Das Huhnfleisch darin ca. 5 Minuten schön braun abrösten. Salzen und pfeffern. Eine halbe Gabel Mehl einrühren und mit dem Weißwein ablöschen.

3 Pilze abtropfen lassen und hinzufügen.
Mit ca. 100 ml Wasser aufgießen, salzen und noch einige Minuten einkochen lassen.

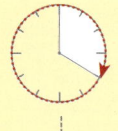

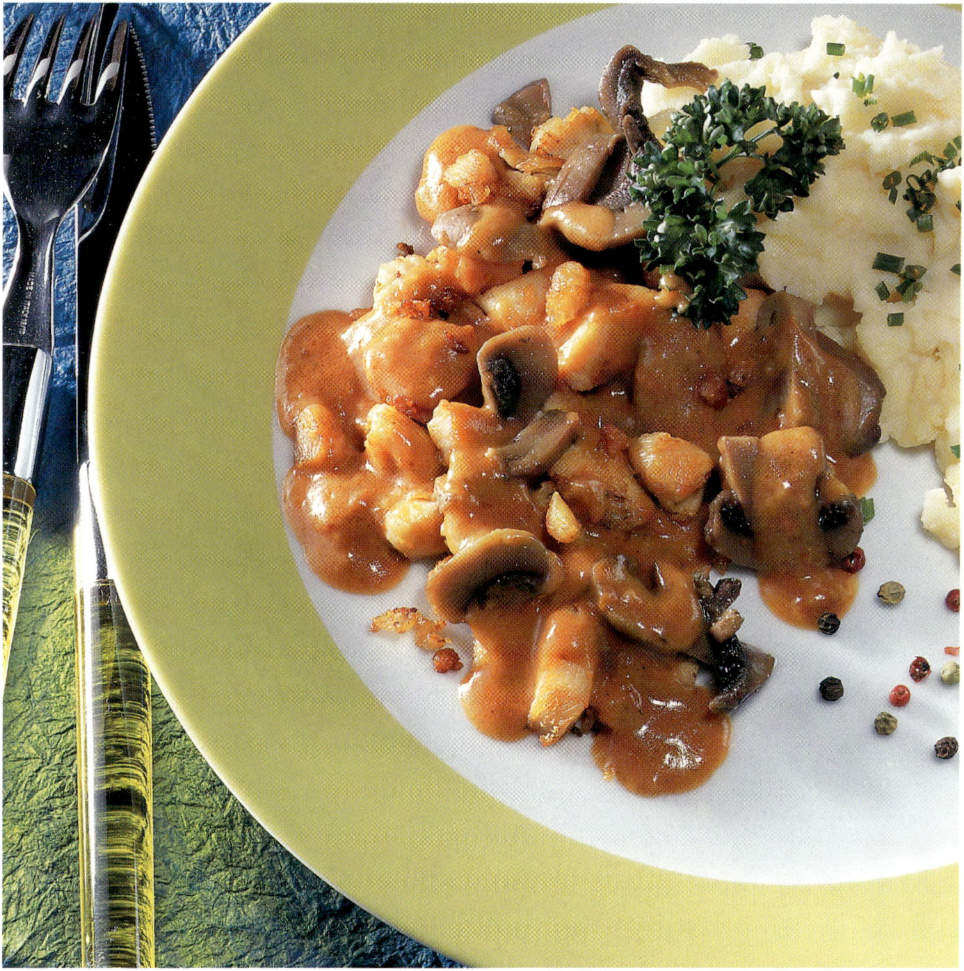

Gebratene Leber

4 Scheiben Kalbsleber
(ca. 200–250 g)

2 EL Mehl

1 EL Olivenöl

30 g Butter

2 Salbeiblätter

Salz

weißer Pfeffer

Beilagen

Salat und Weißbrot

Zubereitungszeit

10 Minuten

1. Leberscheiben auf beiden Seiten bemehlen.
2. Olivenöl in einer Pfanne erhitzen.
3. Leber auf beiden Seiten rasch anbraten. Salzen und pfeffern. Anschließend auf einen vorgewärmten Teller geben.
4. Die Butter in einem Pfännchen erhitzen und die zerpflückten Salbeiblätter hinzufügen. Kurz aufschäumen lassen.
5. Über die Leber gießen und sofort servieren.

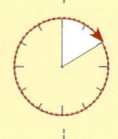

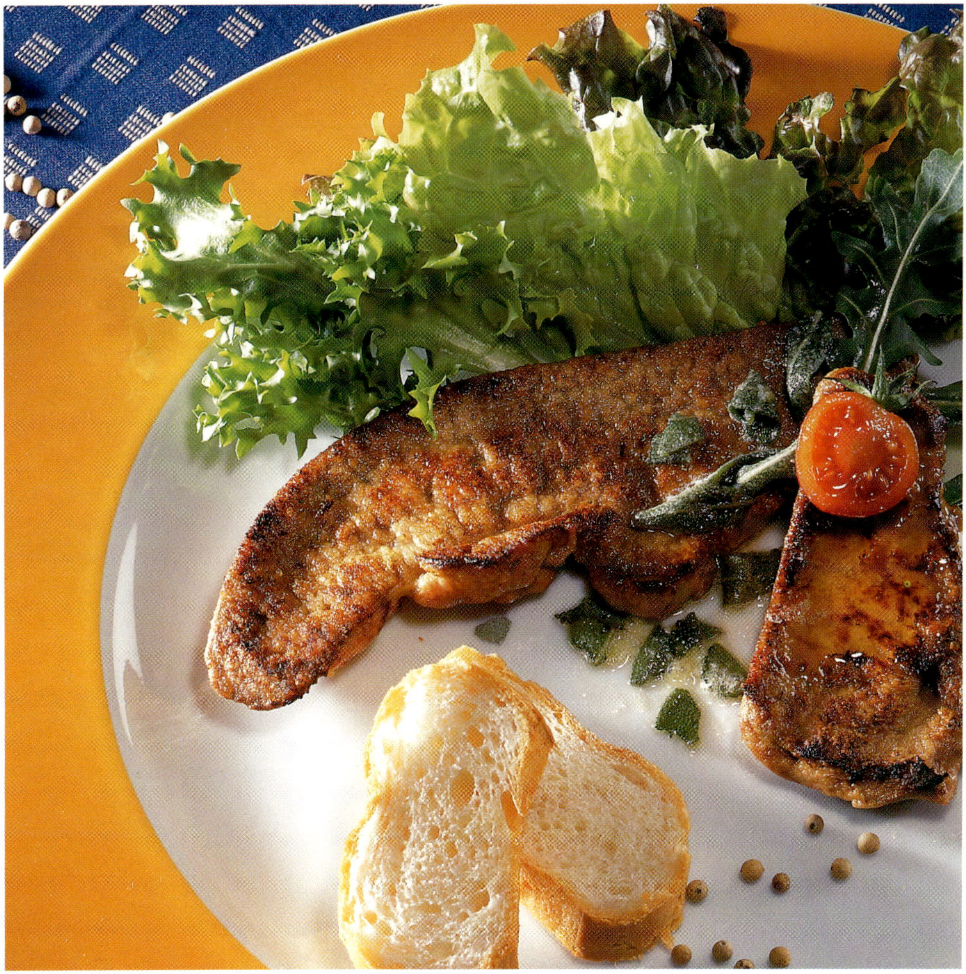

Carpaccio im Rohr

150 g Rindfleischcarpaccio

5–6 grüne oder schwarze Oliven (entsteinte)

Olivenöl, Pfeffer, Rosmarin, Zitrone

Beilage

grüner Salat und Weißbrot

Zubereitungszeit

ca. 10 Minuten

1 Backrohr auf 180 Grad vorheizen.

2 Ein Backblech mit etwas Olivenöl auspinseln und die Carpaccioscheiben einzeln drauflegen. Mit Pfeffer und Rosmarin bestreuen und im Ofen ca. 4 Minuten braten lassen.

3 Vor dem Servieren mit etwas Zitrone beträufeln und mit Olivenscheiben garnieren.

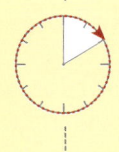

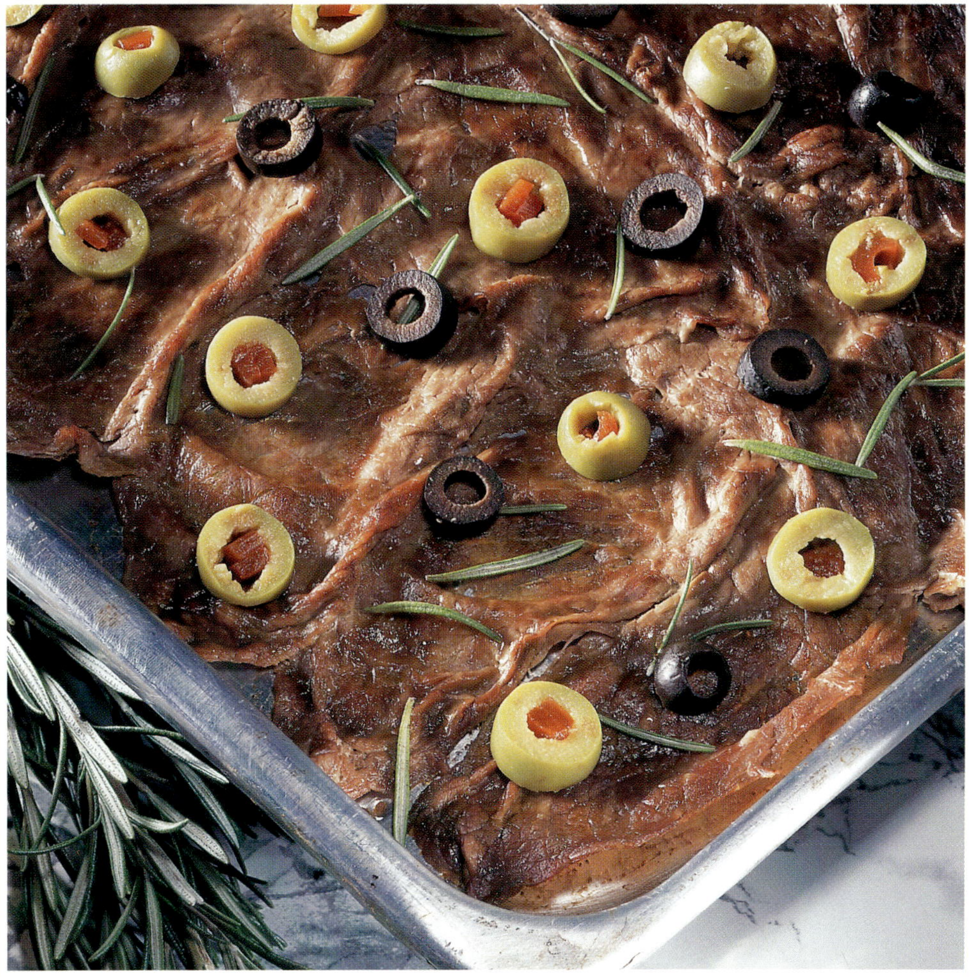

Minutengulasch

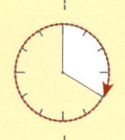

3 kleine Kalbsschnitzel

¼ Zwiebel

4 EL Samenöl

Salz, Pfeffer, Paprika, Essig und Mehl

Beilage

Fertigpüree oder Polenta (siehe Seite 68) und Salat

Zubereitungszeit

ca. 20 Minuten

1. Schnitzel in ca. 1 cm² große Vierecke schneiden. Zwiebel kleinhacken.

2. Das Öl in einer Pfanne erhitzen, die Zwiebel darin hellbraun abrösten und das Fleisch dazugeben. Salzen, pfeffern und ca. 5 Minuten gut anbräunen.

3. Einen halben Teelöffel Paprika und eine halbe Gabel Mehl einrühren und mit einem Spritzer Essig ablöschen. Mit 100 ml Wasser aufgießen und noch etwas einkochen lassen.

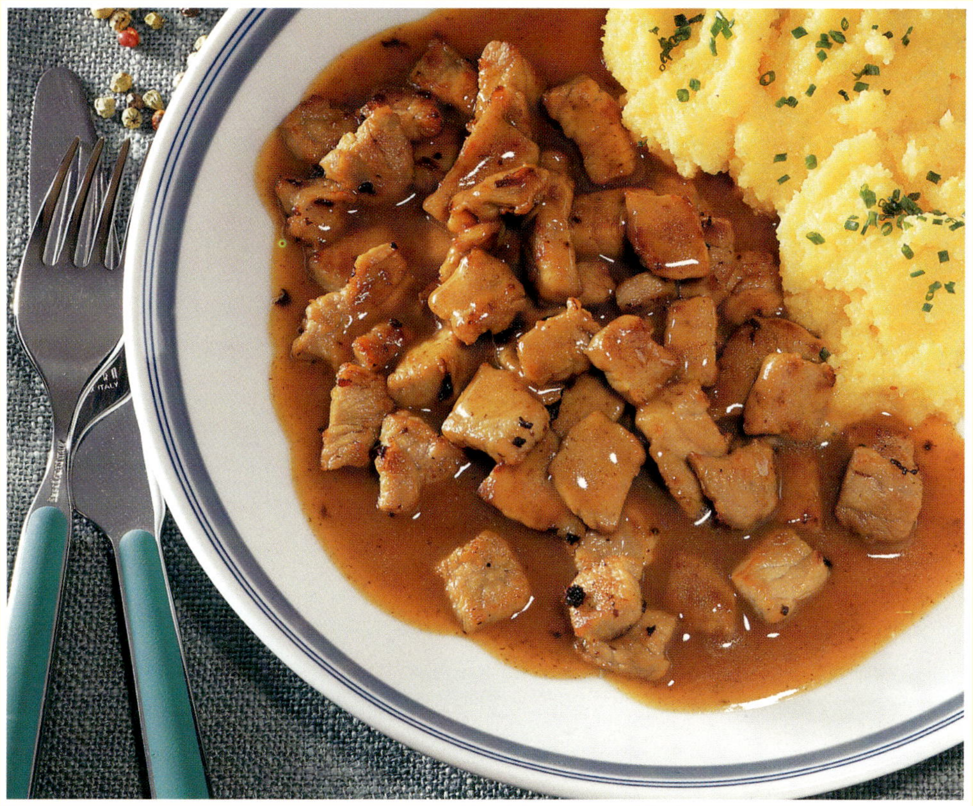

Kalbsschnitzel mit Zitronensoße

2 Kalbsschnitzel

2 EL Olivenöl

25 g Butter

30 ml Zitronensaft

etwas Mehl

Salz

Beilage

gemischter Salat

Zubereitungszeit

ca. 20 Minuten

1 Die Schnitzel klopfen und auf beiden Seiten gut mit Mehl bestäuben.

2 In einer Pfanne das Olivenöl erhitzen. Die Schnitzel beidseitig gut anbraten und salzen.

3 Den Zitronensaft über das Fleisch gießen und die Butter beifügen. Auf geringer Hitze so lange köcheln lassen, bis die Soße bindet.

4 Die Schnitzel aus der Pfanne nehmen und mit der Zitronensoße überziehen. Sofort servieren.

Tip Nach Geschmack kann auch etwas feingehackte Petersilie in die Soße eingerührt werden.

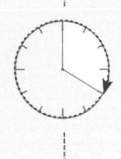

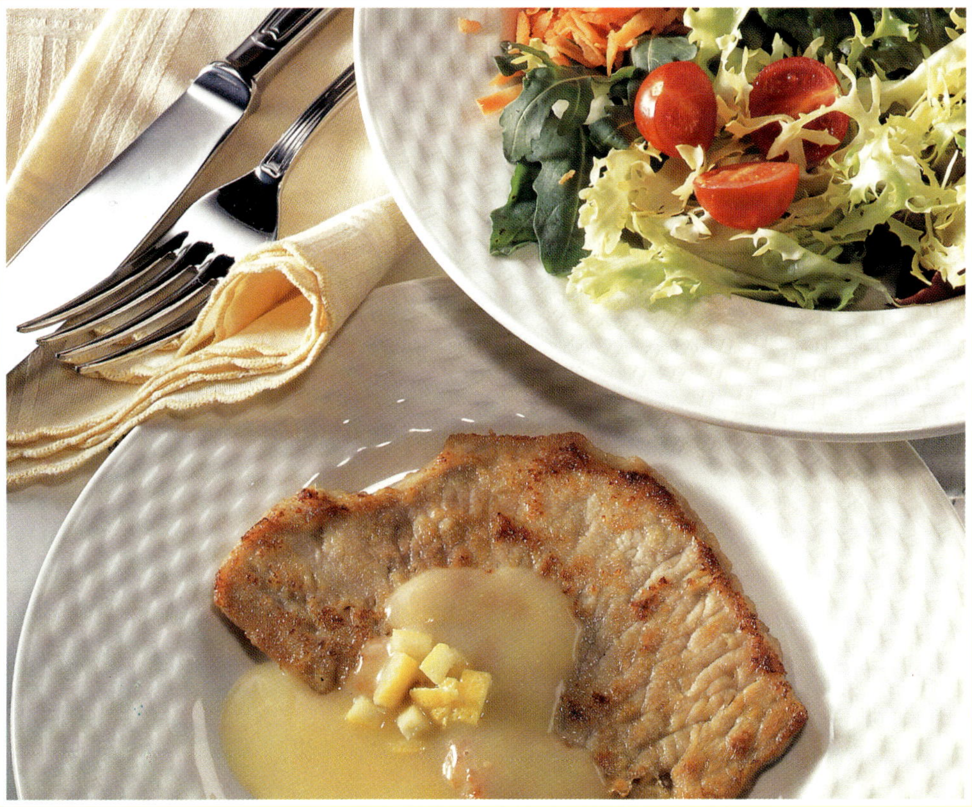

Rindsschnitzel auf Tomaten

2 Rindsschnitzel

1 reife, feste Tomate

einige Basilikumblätter

Salz, Pfeffer, Öl

Beilage

Salat und Weißbrot

Zubereitungszeit

ca. 10 Minuten

1 Rindsschnitzel leicht klopfen und mit Salz und frischgemahlenem Pfeffer würzen.

2 In einer Pfanne 2–3 Eßlöffel Öl erhitzen und die Rindsschnitzel auf beiden Seiten gut anbraten (ca. 4 Minuten).

3 Tomaten waschen und in dünne Scheiben schneiden. Auf zwei Tellern verteilen, leicht salzen und die zerpflückten Basilikumblätter darüberstreuen.

4 Die fertigen Schnitzel auf die Tomatenscheiben legen und servieren.

Tip Basilikum nie mit dem Messer kleinschneiden, sonst verliert er das Aroma.

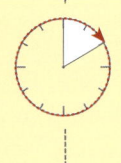

64 Schnelle Küche

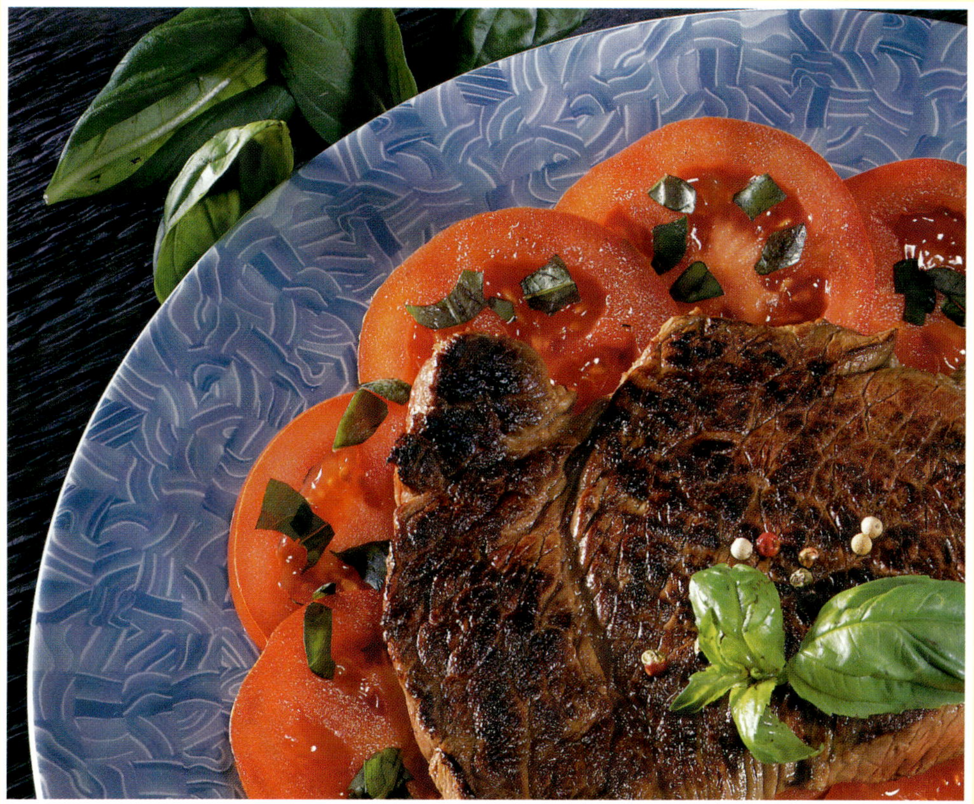

Zwiebelrostbraten

2 Scheiben Roastbeef

½ Zwiebel

50 ml Rotwein

Salz, Pfeffer, Samenöl, Butter, Mehl, Wasser

Beilage

Fertigpüree, Weißbrot und Salat

Zubereitungszeit

ca. 15 Minuten

1. Die Roastbeefscheiben klopfen, salzen und pfeffern.
2. Etwa 2 Eßlöffel Samenöl in einer Pfanne erhitzen und die Roastbeefscheiben darin ca. 4–5 Minuten schön braun anbraten.
3. Zwiebel in sehr dünne Ringe schneiden.
4. Das Fleisch aus der Pfanne nehmen. Im Bratenfond ein kleines Stück Butter schmelzen und die Zwiebel darin unter Rühren hellbraun anbraten.
5. Mit einer halben Gabel Mehl anstäuben und mit dem Rotwein ablöschen. Etwa 100 ml Wasser hinzufügen und aufkochen lassen. Das Fleisch zur Soße geben und noch ein paar Minuten köcheln lassen.

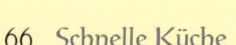

Schnelle Küche

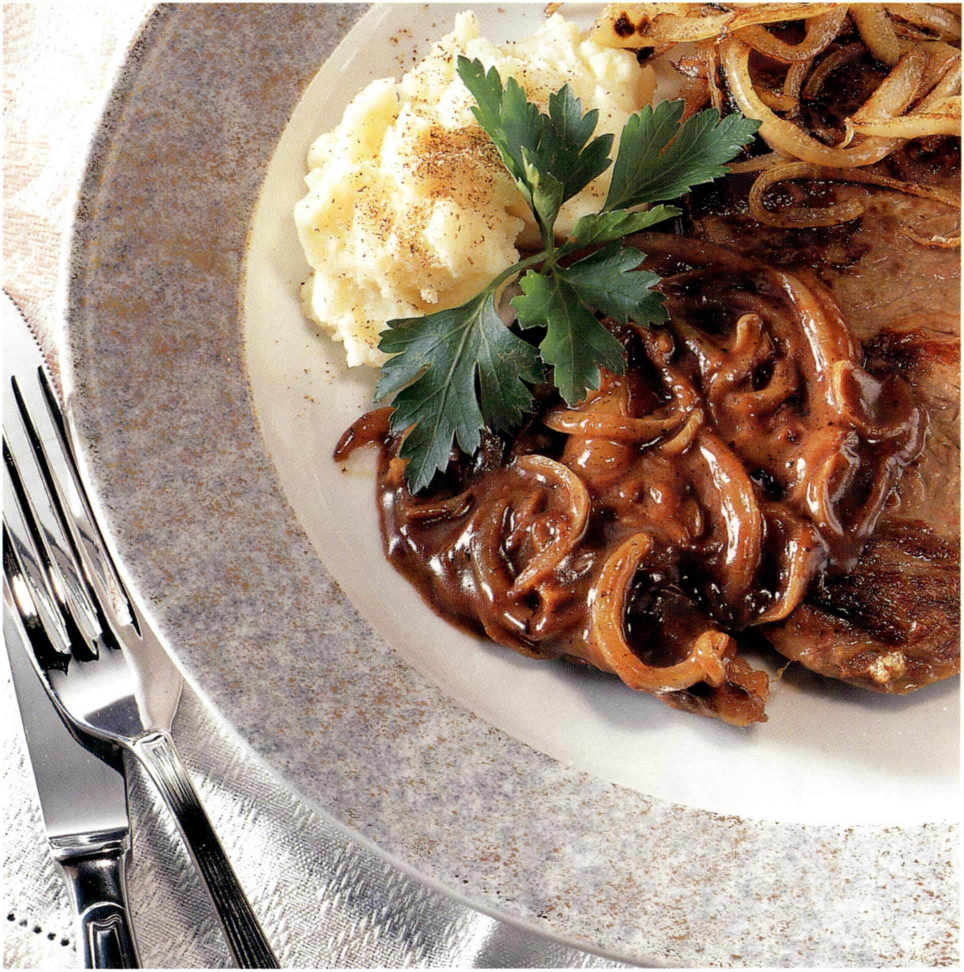

Polenta mit Käsesoße und Fisch

2 Tassen Wasser

³/₄ Tasse vorgekochtes Maismehl

ca. 100 g Käse (Gorgonzola, Emmenthaler usw.)

120 ml Milch

gehackter Schnittlauch

Salz, Pfeffer, Muskat

1 Dose in Öl gelegter Fisch (Sgombri/Makrelen, Sardinen usw.)

Beilagen
weiße Bohnen oder Mais mit Salz, Pfeffer, Essig und Öl angerichtet

Zubereitungszeit
ca. 10 Minuten

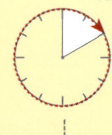

1 Wasser zum Kochen bringen, salzen und mit einem Schneebesen das Maismehl einrühren. Ca. 1–2 Minuten unter Rühren kochen lassen. Wer die Polenta konsistenter liebt, fügt noch etwas Maismehl hinzu.

2 Den Käse in kleine Würfel schneiden, zusammen mit der Milch langsam aufkochen und mit Salz, Pfeffer und etwas Muskat würzen.

3 Polenta und Fisch auf Tellern anrichten. Die Polenta mit der Käsesoße übergießen und mit Schnittlauch bestreuen.

Tip Polenta aus vorgekochtem Maismehl ist eine gutschmeckende und schnell zuzubereitende Beilage zu Geflügel und Fisch.

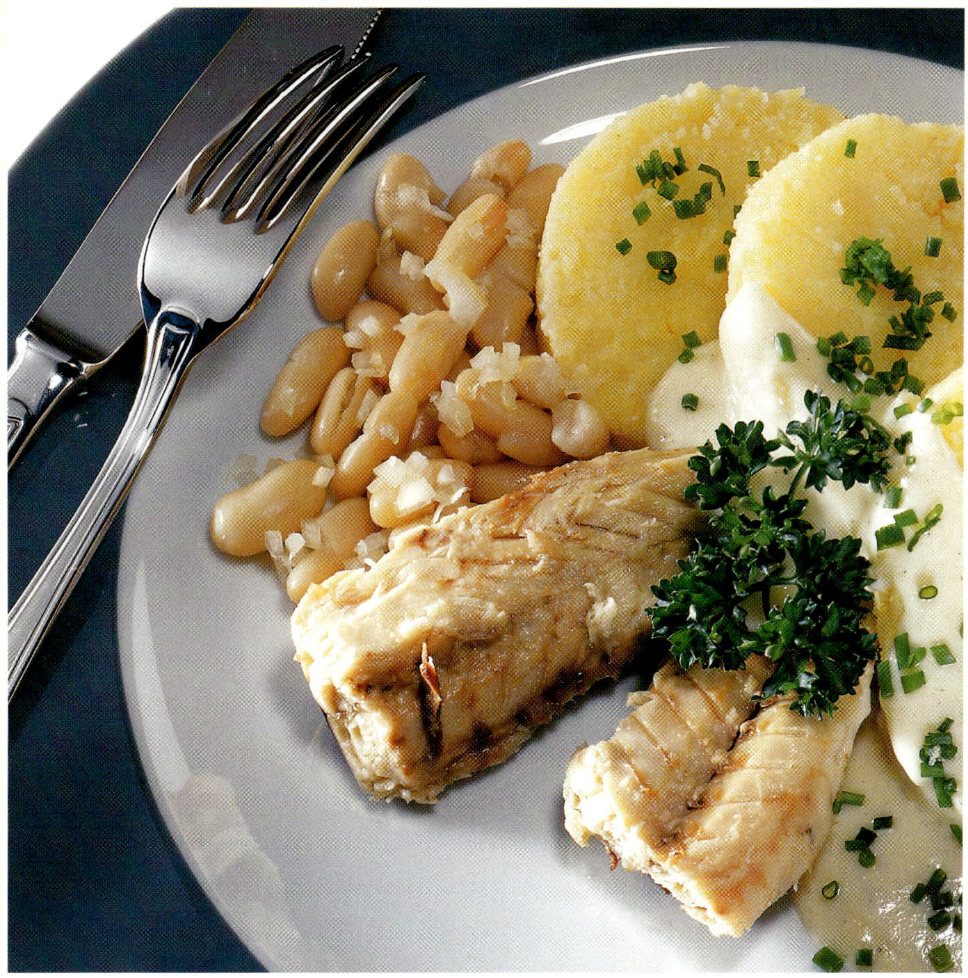

Fischfilet mit Salsaverde

2 Fischfilets (z. B. Kabeljau)

2–3 EL Salsaverde (Fertigprodukt)

Mehl

Samenöl, Salz, Zitrone

<u>Beilage</u>

lauwarmes Baguette und Salat

<u>Zubereitungszeit</u>

ca. 10 Minuten

1 Fischfilets salzen und in Mehl wenden.

2 3 Eßlöffel Samenöl in einer beschichteten Pfanne erhitzen und die Fischfilets darin ca. 4–5 Minuten beidseitig anbraten.

3 Auf Tellern anrichten, mit etwas Zitrone beträufeln und mit Salsaverde dünn bestreichen oder diese separat dazureichen.

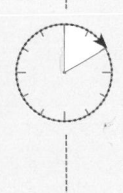

Schnelle Küche

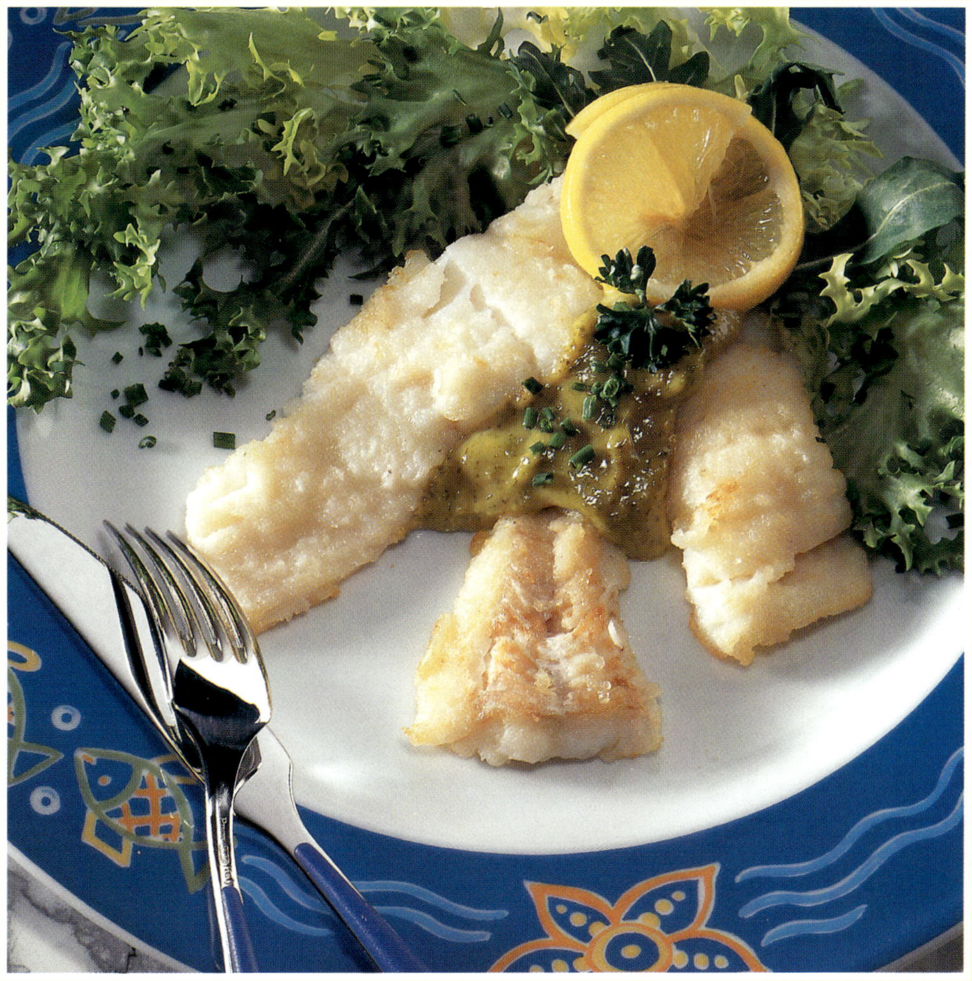

Fisch im Salzbett

2 mittelgroße Goldbrassen
(ca. 20–25 cm lang)

2 kg grobes Salz

1 Sträußchen Petersilie

1 Eiweiß

$1/8$ l Wasser

Beilage

Blattsalat und lauwarmes Baguette

Zubereitungszeit

ca. 30 Minuten

1 Den Ofen auf 210 Grad vorheizen.

2 Das Eiweiß mit ca. $1/8$ Liter Wasser verrühren.

3 In den Fischbauch je ein kleines Sträußchen Petersilie geben.

4 Ein Backblech mit Alufolie auslegen. 1 kg Salz in die Mitte füllen und mit dem zubereiteten Wasser befeuchten. Den Fisch auf das Salzbett legen und mit dem restlichen Salz bedecken. Ebenfalls anfeuchten. Der Fisch darf nicht mehr zu sehen sein. In den Ofen schieben und ca. 20 Minuten braten.

5 Den Fisch aus dem Ofen nehmen und die obere Salzkruste mit einem harten Gegenstand entfernen.

6 Tranchieren und anrichten.

Tip Lassen Sie sich den Fisch vom Händler über die Kiemen ausnehmen und putzen. Es können auch andere Fischsorten (z. B. Forellen) verwendet werden. Sehr effektvoll kann die Salzkruste folgendermaßen entfernt werden: Die Salzkruste entlang der Konturen des Fisches mit Anisschnaps beträufeln. Anzünden und abbrennen. Die obere Kruste wie einen Deckel abheben.

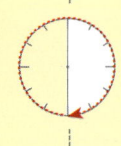

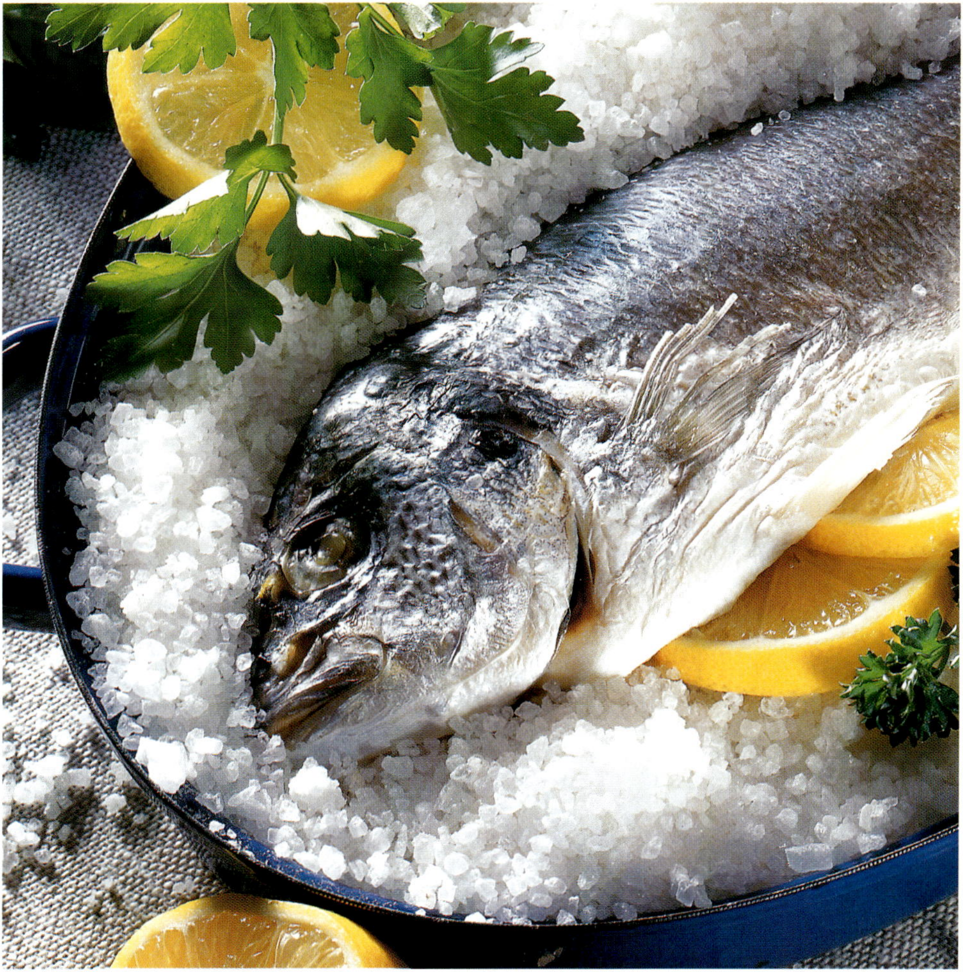

Tomatenbrot (Das kleine Abendessen)

Pro Person

2–3 Scheiben Schwarzbrot

1–2 mittlere reife Tomaten

1 EL feingehackte Zwiebeln

Butter

Salz, Pfeffer, Maggi

Zubereitungszeit

ca. 5 Minuten

1 Tomate waschen und in Scheiben schneiden.

2 Brotscheiben dünn mit Butter bestreichen und mit Tomatenscheiben dicht belegen.

3 Mit Zwiebeln bestreuen und mit Salz, Pfeffer und einem Spritzer Maggi würzen.

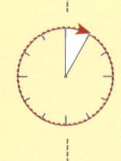

Schnelle Küche

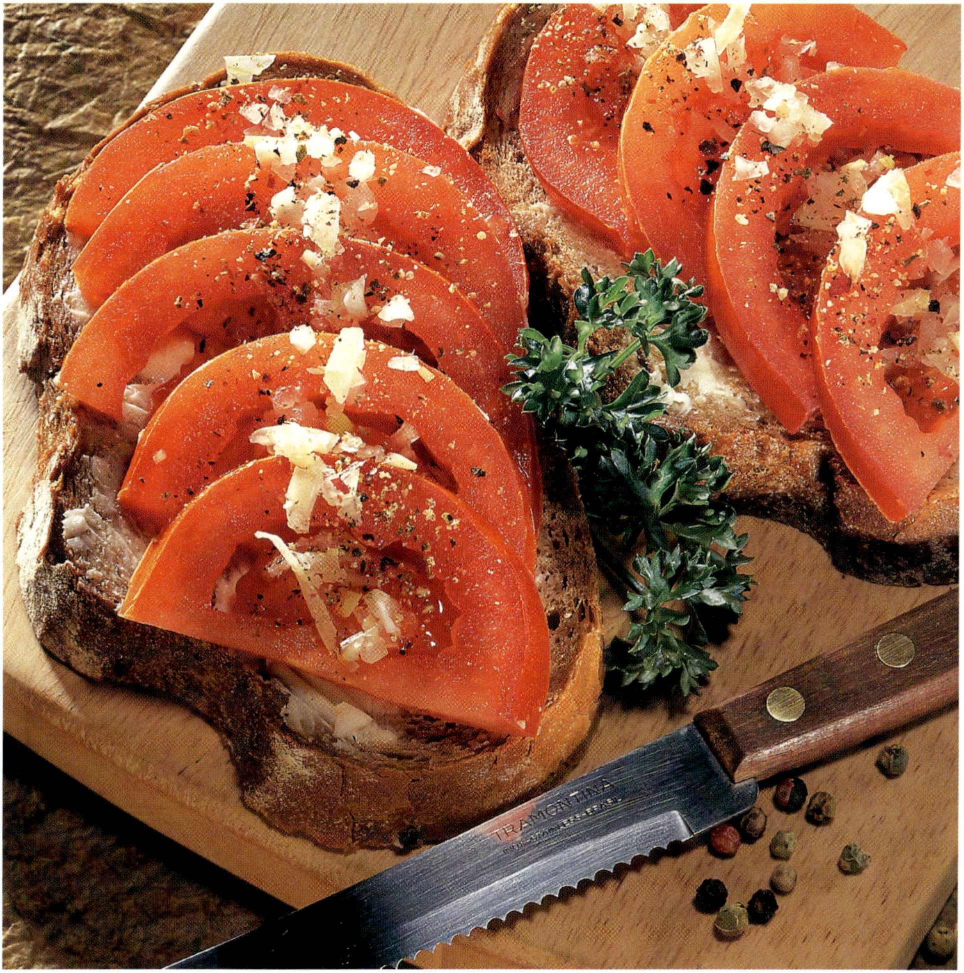
TRAMONTINA

Register

50	Bauernomelett mit Käse	60	Minutengulasch
58	Carpaccio im Rohr	48	Omeletten mit Zucchinifülle
72	Fisch im Salzbett	52	Panierte Truthahnschnitzel
70	Fischfilet mit Salsaverde	26	Pennette mit Zucchini
16	Frühlingspasta	20	Pikante Käsenudeln
		36	Pizzastrudel
56	Gebratene Leber	68	Polenta mit Käsesoße und Fisch
44	Gebratener Chicorée mit Rühreiern		
38	Gefüllte Zucchini	64	Rindsschnitzel auf Tomaten
12	Gemüse-Grieß-Suppe	32	Risotto mit Radicchio
42	Grüner Spargel mit Bozner Soße und Schinken	34	Safran-Risotto
		24	Spaghetti mit Gemüse
54	Huhngulasch mit Pilzen	18	Tagliatelle (Eierbandnudeln) in Grün
62	Kalbsschnitzel mit Zitronensoße	30	Tagliatelle (Eierbandnudeln) mit Steinpilzen
8	Kartoffelcremesuppe		
46	Käsespatzlen mit Kartoffelsalat	74	Tomatenbrot
14	Lauchsuppe	40	Überbackene Auberginen mit Spiegeleiern
28	Linguine al Pesto		
22	Linguine mit grünen Spargeln	10	Zucchinisuppe
		66	Zwiebelrostbraten

77 Schnelle Küche

UNSER BESONDERER DANK GILT

Salvatore La Rosa
Elisabeth Mathà
Christine Seeber-Unterholzner
Margareth Turnaretscher
Carla Willeit

DEN FIRMEN

MIKO (Frangart)
FÖSSINGER (Klausen)
H. STAMPFER (Frangart)
FRUMA (Frangart)